Raimund Eich

Stadtführer Charly
auf vier Pfoten und zwei Beinen durch Neunkirchen

Raimund Eich lebt im Saarland.

Neben einigen Büchern über seine Heimatstadt Neunkirchen, Tatsachenromanen, heiteren und besinnlichen Gedichten und Geschichten hat er auch einige Werke mit gesellschaftlichen und geisteswissenschaftlichen Themen veröffentlicht. Gerne lässt er auch naturwissenschaftliche und technische Aspekte in sehr anschaulicher Form mit einfließen. Daraus resultieren einzigartige Bücher, spannend, dramatisch, informativ und unterhaltsam zugleich.

Raimund Eich

Stadtführer Charly

auf vier Pfoten und zwei Beinen
durch Neunkirchen

Impressum

Bibliografische Information der Deutschen Nationalbibliothek:
Die Deutsche Nationalbibliothek verzeichnet diese Publikation in der Deutschen
Nationalbibliografie; detaillierte bibliografische Daten sind im Internet über
http://dnb.dnb.de abrufbar.

Text und Buchgestaltung: Raimund Eich
Fotos: Roswitha Eich

Verlag: BoD · Books on Demand GmbH, In de Tarpen 42, 22848 Norderstedt
Druck: Libri Plureos GmbH, Friedensallee 273, 22763 Hamburg

ISBN: 978-3-7597-7948-9

Inhaltsverzeichnis

Wie alles begann

Auf den Hund, also auf den, um den es in diesem Buch geht, bin ich eher per Zufall gekommen, als ich das Internet nach einem geeigneten Vierbeiner durchforstete, um Rosis Herzenswunsch endlich zu erfüllen. Wir wollten auf keinen Fall einen Hund von einem Tierzüchter kaufen, sondern einem vom Tierschutz vermittelten Straßenhund eine Überlebenschance geben. Zudem sollte er nicht allzu groß und auch möglichst jung sein, in der Hoffnung, dass es dann keine Akzeptanzprobleme zwischen ihm und unseren beiden Katern geben würde. Und so fiel mir das Foto von Adamo, einem ca. fünf Monate alten rumänischen Welpen, auf der Webseite einer Tierschutzorganisation sofort ins Auge, den wir nach Erledigung aller Formalitäten einige Wochen später auf einer Autobahnraststätte bei Wiesbaden abholen und mit nach Hause nehmen konnten. Ein paar Fotos von seiner Ankunft in Deutschland finden Sie auf Seite 11.

Der kleine Vierbeiner wirkte bei seiner Ankunft nach vielen Stunden in einem stickigen Transporter noch etwas benommen, begleitet von einer penetranten Duftfahne, die ihm als erstes bei unserer Tochter ein warmes Bad in der Wanne bescherte. Schon damals war unverkennbar, dass er Wasser außerhalb eines Trinknapfes offenbar nur wenig abgewinnen kann, was er später immer wieder an Bächen, Flüssen und Seen eindrucksvoll unter Beweis stellte.

Doch zurück zum Anfang. Die Integration der kleinen Fellnase mit den Stubentigern bei uns zu Hause verlief zum Glück relativ problemlos, vielleicht auch, weil er ein relativ ängstlicher und keineswegs aggressiver Hund ist.

Für unseren dienstältesten pechschwarzen Kater Rocky und für Henry, den Getigerten, brach zunächst allerdings fast eine Welt zusammen, als wir mit einem Hund zu Hause ankamen. Ihrer Empörung und ihrem Missmut machten sie jedenfalls durch heftiges Fauchen Luft, wann immer sich der

Neuankömmling ihnen zu nähern versuchte. Von Henry gab es ab und an auch vom sicheren Katzenbaum aus ein paar Pfotenhiebe auf Adamos Kopf, völlig unverständlich für den armen Hund, der trotzdem keinerlei Anzeichen machte, sich dagegen zu wehren, obwohl er schon fast doppelt so groß wie die Katzen war.

Ein Problem stellte sich dadurch allerdings für uns: Wohin mit unserem Hund über Nacht? Während Henry im geräumigen Wohnzimmer, zweckmäßigerweise ausgestattet mit Katzenklo, bei verschlossener Wohnzimmertür nächtigte, befand sich Rockys Schlafquartier, selbstverständlich auch mit eigenem Katzenklo, bei unverschlossener Tür in der deutlich kleineren Küche, sodass er sich auch noch im Flur frei bewegen konnte.

Um Hund und Katzen über Nacht voneinander zu trennen, musste Rocky sein Nachtquartier an den Hund abgeben, wobei wir auch die Küchentür sicherheitshalber verschlossen. Rocky bekam zum Ausgleich nunmehr den Flur und mein Arbeitszimmer zugewiesen. Mit anderen Worten, das komplette Erdgeschoss unserer Wohnung nahmen über Nacht drei Vierbeiner in Beschlag. Doch unser genialer Wohnungszuteilungsplan war offensichtlich nicht umfassend durchdacht, wovon die über Nacht angeknabberten Holzstühle in der Küche am Morgen danach zeugten. Zudem störte uns auch das stundenlange Winseln der gefleckten rumänischen Fellnase, der seine zweibeinigen Adoptiveltern offenbar schmerzlich vermisste. Was nun, lautete daher die Frage, die wir mit einer weiteren genialen Idee zu lösen wussten. Wir stellten für die beiden Kater wieder die alte Schlafgemachzuteilung her und Adamo wanderte samt Hundekörbchen zu uns ins Schlafzimmer, direkt neben meinem Bett, sodass wir ihn jederzeit unter Kontrolle haben würden. So dachten wir jedenfalls. Es dauerte allerdings nicht lange, bis er sich nachts klammheimlich in unser Doppelbett schlich, was ich natürlich sofort unterband und ihn wieder unter entsprechenden Ermahnungen zurück in sein Körbchen beförderte. Allerdings nur ein Erfolg von zeitlich eng begrenzter Dauer. Ich weiß nicht mehr genau, nach wie vielen Rückholaktionen ich entnervt aufgab mit dem aus heutiger Sicht sehr naiven Hinweis: „Aber nur ausnahmsweise für heute Nacht, mein Freund!" Ich überlasse es Ihrer Fantasie, sich auszumalen, was letztlich daraus geworden ist.

Adamo wurde übrigens schon bald in Charly umgetauft, weil mich der Name unweigerlich an einen Schlagersänger erinnerte, der unter anderem mit seinem Lied „Es geht eine Träne auf Reisen" gegen Ende der Sechziger Jahre, vermutlich wegen der eindrucksvollen Botschaft im Text, bei mir einen nachhaltigen Eindruck hinterließ. Durchaus nichts gegen den Sänger und den Liedtext, aber unser Adamo sollte damit nicht in Verbindung gebracht werden. Seitdem bin ich mit dem umgetauften Vierbeiner regelmäßig in meiner Heimatstadt Neunkirchen unterwegs. Anfangs waren es nur ein paar Runden am Tag in den nahe gelegenen Stadtpark, in denen der knapp sechs Monate alte Vierbeiner offenbar nicht verstand, warum er mit mir durch die Gegend latschen sollte. Von Gassigängen im eigentlichen Sinne konnte jedenfalls keine Rede sein. Vielmehr konnte er es kaum erwarten, wieder nach Hause zu kommen, um im Garten seine Geschäfte zu erledigen. Doch nach ein paar Wochen änderte sich das. Und seitdem sind wir beide etwa zwei- bis dreimal am Tag auf Achse, insbesondere vormittags für etwa zwei Stunden und nachmittags mindestens noch einmal eine etwas kürzere Tour. Er liebt diese ausgedehnten Gassigänge, ganz egal, ob es warm oder kalt draußen ist oder ob es stürmt und schneit, was ich von mir offen gestanden weniger behaupten kann. Übrigens bestimmt Charly immer, wo es lang geht, während ich meist gedankenverloren hinter ihm her trotte. Wenn er schon an der Leine ist, soll er wenigstens diese Freiheit haben, denke ich mir, denn wer ein Tier bei sich aufnimmt, sollte auch seinen Bedürfnissen so weit als möglich Rechnung tragen.

Ich lade Sie herzlich ein, Charly und mich auf den Wegen durch unsere Heimatstadt Neunkirchen zu begleiten, die ich dank Vierbeiner jetzt weitaus besser kenne als zuvor, weil mich die Fellnase in versteckte Winkel, Gässchen und zu Plätzen geführt hat, von deren Existenz ich zuvor offen gestanden überhaupt nichts wusste.

In insgesamt dreizehn Etappen möchten Charly und ich Ihnen Interessantes und Sehenswertes aufzeigen und Sie auch zum Teil an längst Vergangenes erinnern. Wir möchten Sie aber auch in Form einiger Episoden teilhaben lassen an dem, was wir beide auf unseren Expeditionen durch die Innenstadt so alles gesehen, gehört und erlebt haben.

Ich habe unsere Laufwege, unabhängig davon, wann wir sie absolviert haben, im Buch so aneinandergereiht, dass sich eine durchgängige Route durch die Stadt ergibt. Insofern bietet sich dieses Buch durchaus auch als Wegweiser sowie als informativer und unterhaltsamer Stadtführer zugleich für einen ausgedehnten Rundgang durch die Neunkircher Innenstadt an. An manchen der im Buch erwähnten Objekte finden Sie vor Ort auch Infotafeln mit weitergehenden Informationen, ebenso wie beispielsweise auf den Internetseiten der Stadt Neunkirchen. Auch die Freie Enzyklopädie WIKIPEDIA bietet Ihnen sehr umfangreiche Informationen über die Stadt und ihre markanten Objekte. Zur besseren Orientierung finden Sie auf den letzten Seiten auch eine Liste der angelaufenen Objekte sowie eine Skizze unserer Route durch die Innenstadt. Nicht zuletzt sollen einige Fotos im Buch, so hoffe ich wenigstens, ihre Neugier ein bisschen wecken. Charly und ich freuen uns jedenfalls sehr darüber, dass Sie unseren Laufwegen mit diesem zugegebenermaßen etwas ungewöhnlichen Stadtführer literarisch folgen.

Viel Spaß beim Lesen oder gar beim aktiven Rundgang durch die zweitgrößte Stadt des Saarlandes mit fast 49.000 Einwohnern, von denen rund 24.000 und damit etwas weniger als die Hälfte in der Innenstadt wohnen, wünschen Ihnen

Stadtführer Charly und Raimund Eich

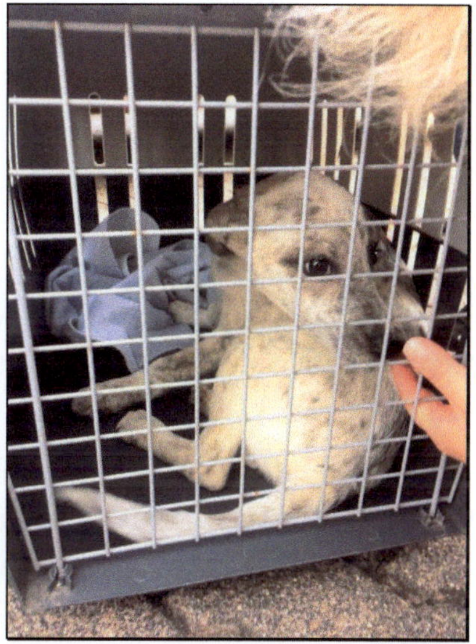

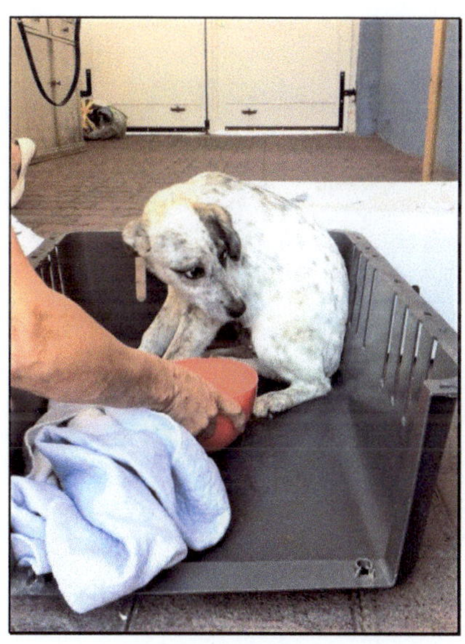

Parallelstraße bis Lübbener Platz

Als ob ich es geahnt hätte, kaum am Bliesufer angekommen setzt Charly zu seinem zweiten Spurt für heute an. Dabei habe ich mich kaum vom ersten Sprint erholt, den unser Zweiergespann gerade mal vor zehn Minuten in der Parallelstraße absolviert hat. Die Baumallee in der unteren Bliesstraße mit dem sehr ansprechenden Häuserensemble auf der linken Straßenseite ist für Charly und mich eine wahre Augenweide, wobei sich der vierbeinige Schnüffler im Gegensatz zu mir weniger für die Architektur als für die Natur interessiert und nur ab und zu kurz stoppt, um einzelne Bäume artgerecht zu markieren.

Der als **Bliesblock** bezeichnete Gebäudekomplex mit über siebzig Wohnungen zwischen Parallelstraße und Bliesstraße, der in der zweiten Hälfte der Zwanziger Jahre des vorigen Jahrhunderts für die Hüttenarbeiter des Neunkircher Eisenwerkes errichtet wurde, hat sich nach einer umfassenden Renovierung zu einem wahren Schmuckstück gemausert, das unter Denkmalschutz steht.

Wenn Charly wieder losrennt, bleibt mir nichts anderes übrig, als ihm hinterher zu rennen, in maximal fünf Meter Leinenabstand. Ein Hunde-Mensch-Tandem sozusagen, das parallel zur Blies über die Norduferstraße, vorbei an der **GSG**, der **KEW** und der ursprünglich katholischen **Herz-Jesu-Kirche**, die 1954 erbaut und Ende 2015 entweiht wurde, das Stadtzentrum ansteuert. Architektonisch natürlich nicht vergleichbar mit der historischen Christuskirche sowie auch der Marienkirche dient das eher nüchtern wirkende Kirchenbauwerk heute einem Künstler als Atelier sowie für Kunstausstellungen.

Im Laufschritt nähern wir uns der ebenfalls sehr beeindruckenden **Bachschule**, die 1905 im Stil der Neorenaissance errichtet wurde und heute unter Denkmalschutz steht. Während des 1.Weltkriegs und einige Jahre danach diente das wunderschöne Bauwerk übrigens auch als Kaserne. Selbst beim Gassigehen führt diesmal am **Finanzamt** kein Weg vorbei, das wir wenigstens im Laufschritt passieren, wobei es mir erstaunlicherweise leicht fällt, hier sogar noch einen Zahn zuzulegen.

Vor uns, auf der anderen Seite der Brückenstraße, liegt die **Bliespromenade**, die meines Erachtens jedoch weniger zum Promenieren einlädt als der Fußweg unterhalb der **Bliesterrassen**, der unmittelbar neben dem Flussufer verläuft. Charly sieht das offenbar genau so und steuert die treppenförmige Anlage zielbewusst an. Hechelnd und schnaubend einigen wir beide uns auf eine mehr oder weniger lange Atempause und bekommen zwangsläufig Folgendes mit, während wir die wärmenden Sonnenstrahlen genießen. Vielleicht die letzten vor der kalten Jahreszeit:

Zwei Reihen unter uns sitzt ein seriös wirkender älterer Herr, zu dem sich plötzlich ein etwas ungepflegter Typ gesellt. Er setzt sich einfach direkt neben ihn, ohne ihn zu fragen, obwohl doch überall noch genügend Platz wäre. Doch dieser Mann sucht offensichtlich einen Kontakt. Ein Penner oder Randständiger, wie es heutzutage ja heißt? Keine Ahnung! Mich hätte es offen gestanden gestört, aber der ältere Herr lächelt ihm freundlich zu.

„Hast du auch diese Bibelforscher da oben gesehen, ich meine die, die dir was von ihrem Gott und dem Himmelreich erzählen wollen?", fragt ihn der Jüngere und deutet hinauf zur Bliespromenade. Er duzt ihn einfach, obwohl der andere doch deutlich älter ist als er.

„Sie meinen wohl die Zeugen Jehovas", erwidert der.

„Genau. Seit Tagen lungern sie dort oben herum und gehen mir so was von auf den Geist. Ich glaube an keinen Gott. Wo ist er denn und was macht er denn, falls es ihn geben sollte?"

Sein Gesprächspartner erwidert: „Diese Leute dort oben verhalten sich aber doch sehr ruhig und friedlich und es ist ihnen auch unbenommen, für ihren Glauben zu werben. Ich selbst habe zwar mit Religionen und Kirchen nicht viel am Hut, glaube aber dennoch an einen göttlichen Schöpfer, auf meine Art jedenfalls. Warum glauben sie denn nicht an den da oben?", fragt er und deutet einen Blick Richtung Himmel an.

Charly zerrt derweil an der Leine und will endlich weiterziehen, aber mich interessiert dieser Dialog zwischen den beiden Männern so sehr, sodass ich einfach weiter sitzen bleibe, um ihnen klammheimlich zuzuhören.

„Warum? Das kann ich dir sagen. Schau dich doch mal um auf diesem Scheißplaneten, nur Mord und Totschlag, Kriege, Grausamkeiten und Chaos überall", schnauft der Typ merklich empört. „Nee, mein Guter, wenn es den da oben wirklich gäbe, dann würde er das alles nicht zulassen."

„Aber daran ist er ja nicht Schuld, sondern die Menschen hier unten."

„Schon, aber wenn es ihn wirklich gäbe, dann hätte er ja die Macht, so etwas zu verhindern. Und falls es ihn trotzdem gibt, dann trägt er auch die Schuld daran."

Der andere schüttelt den Kopf. „Dann hätte er uns Menschen aber keinen freien Willen geben dürfen."

„Freier Wille, sagst du? Dann hätte er ja wenigstens eine Sicherung einbauen können, um so etwas zu verhindern", bekommt er zur Antwort.

„Hat er doch, schließlich hat er jedem von uns nicht nur einen freien Willen, sondern auch ein Gewissen mitgegeben.“

„Und das soll eine Sicherung sein? Träum weiter, Kumpel.“

Sein Gesprächspartner nickt freundlich lächelnd und erwidert ihm schließlich: „Ich versuche mal, es Ihnen aus der Sicht eines Elektrotechnikers etwas anschaulicher zu erklären. Wenn beispielsweise bei einer elektrischen Anlage eine Sicherung auslöst, dann gibt es irgendwo einen Fehler, den man suchen und beheben muss, um einen größeren Schaden zu verhindern. Das würde ein guter Elektriker jedenfalls machen. Es gibt aber nicht nur gute, sondern auch schlechte, die die Sicherung einfach überbrücken, damit die Anlage trotzdem weiter läuft. Das geht dann allenfalls noch eine Weile gut, bis irgendwann alles völlig kaputt ist und die Anlage den Geist aufgibt. Vielleicht verstehen Sie jetzt etwas besser, was ich mit dem Gewissen als Sicherung meine.“

„Na klar, aber das ist doch keine richtige Antwort?“, erwidert der Typ trotzig und starrt ihn kopfschüttelnd an.

„Haben Sie Kinder?“, wird er gefragt. Vermutlich versucht der Ältere, ihn vom Thema abzulenken, denke ich mir.

„Warum willst du das denn jetzt wissen?“

„Sagen Sie es mir bitte!“

„Na gut, aber darüber rede ich eigentlich nicht gerne, denn alle drei sind auf die schiefe Bahn geraten, obwohl meine Frau und ich uns in Punkto Erziehung wirklich alle Mühe mit ihnen gegeben und sie zu anständigen Menschen erzogen haben. Der eine ist auf Drogen und in der Gosse gelandet, der andere ist ein Lügner und Betrüger und die Jüngste verdient sich ihr Geld in horizontaler Lage, wenn du verstehst, was ich meine. Meine Frau und ich haben das nicht verkraftet und irgendwann ist sie mir daran vor Kummer weggestorben.“

„Das tut mir aufrichtig leid. Dann sind Sie als ihr Erzeuger oder Schöpfer also am Versagen Ihrer Kinder schuld", erwidert der Ältere.

„Du spinnst wohl, was kann ich denn dafür? Sie sind doch alle erwachsen und für sich selbst verantwortlich. Wie hätte ich das denn verhindern können?"

„Na ja, halt einfach besser auf sie aufpassen oder sie meinetwegen einsperren, um Schlimmeres zu verhindern."

„Oh, Mann. Hast du nicht alle Tassen im Schrank? Sie sind doch freie Menschen …"

„… mit einem freien Willen", vollendet sein Gegenpart den Satz für ihn. „Sie sind sich sicherlich zurecht keiner Schuld bewusst, aber den da oben wollen Sie für die Untaten seiner Geschöpfe anklagen oder ihn sogar verleugnen. Denken Sie doch einfach mal über meine Worte nach. Tut mir leid, aber ich habe noch einen wichtigen Termin. Ich wünsche Ihnen jedenfalls alles Gute", schiebt er nach, verbeugt sich zum Abschied leicht und lässt nicht nur den merklich verwirrten Typen, sondern auch mich mit meinen Gedanken alleine.

Ein erneuter Ruck an der Hundeleine bringt mich jäh wieder auf den Boden der Tatsachen zurück. Charly hat wohl endgültig genug vom ewigen Sitzen und blickt mich auffordernd an. „Schon gut, schon gut, wir gehen jetzt gleich weiter", versuche ich ihn zu besänftigen.

Von gehen kann allerdings keine Rede sein, denn Charly setzt sofort zu einem dritten Sprint an, gerade so, als wolle er die für ihn verlorene Zeit an den Bliesterrassen wieder aufholen. Und so hasten wir zum dritten Mal los, direkt am Bliesufer entlang und unter der Brücke durch, mit der die Bahnhofstraße über die Blies geleitet wird, während uns ein paar Jugendliche auf der Brücke unter lautem Johlen und Pfeifen zu einer noch schnelleren Gangart anzutreiben versuchen.

Blick auf die Bliesterrassen

Endlich, Charly hat offenbar eine Riechspur entdeckt, die ihn schlagartig stoppen lässt, während ich wie ein Ozeandampfer noch etliche Meter zum Auslaufen brauche und mir schlagartig dabei in den Sinn kommt, dass der Begriff „Auslaufmodell" in meinem Fall gleich in mehrfacher Hinsicht zutrifft. Na ja, was soll ´s. Wenigstens geht es jetzt im gemütlichen Schnauf- und Schnüffelgang weiter, wobei Letzteres ausschließlich auf Charly bezogen ist, während ich noch am Hecheln bin.

Nach einer gefühlten Ewigkeit im Rundumkurs immer wieder um den gleichen Baum wechselt Charly abrupt die Richtung und steuert gezielt den **Lübbener** Platz an. Ich ahne schon sein neues Ziel. Charly ist garantiert mal wieder nach Center-Shopping zumute. Er liebt diesen großen Einkaufstempel, zum einen, um dem Treiben in der Mall interessiert zuzuschauen. Allerdings gibt es noch einen anderen Grund für ihn, auf den ich im nächsten Kapitel etwas näher eingehen werde.

Stummplatz - Saarpark-Center - Altes Hüttenareal

Die Rotphase an der Fußgängerampel zwischen Lübbener Platz und **Stummplatz** will mal wieder nicht enden. Charly sitzt geduldig neben mir und wartet auf mein Kommando, derweil ich stadtplanerische Alternativen an dieser gefühlten Ewigkeitsampel entwickle.

Ich sperre kurz entschlossen die Lindenallee ab der Einmündung Brückenstraße und leite den Verkehr über diese, die Wellesweiler-Straße und die Gustav-Regler-Straße ums Einkaufcenter herum. So schaffe ich einen zusammenhängenden verkehrsfreien Platz in der Stadtmitte, der nicht mehr von der Lindenallee zerschnitten wird. Allerdings steht zu befürchten, dass dieser Vorschlag von mir an zuständiger Stelle vermutlich keinen Zuspruch finden würde. Sei´s drum, dann lasse ich einfach eine Glasbrücke über die Lindenallee bauen, parallel zu der, die nur fünfzig Meter weiter vom

Saarpark Center ins Parkhaus Nord führt, natürlich eine besonders schöne und elegant geschwungene mit Rollband, auf dem man bequem und gefahrlos über die Lindenallee schweben kann.

Apropos Schweben, auch eine Gondelbahn den Hüttenberg hinauf bis zum Oberen Markt käme sicherlich nicht nur Charly und mir sehr gelegen, aber auf mich hört ja keiner.

Endlich schaltet die Ampel auf Grün und reißt mich aus meinen genialen stadtplanerischen Ideen. Es regnet und Charly, der Regenmuffel, hat es daher eilig, ins Center zu kommen. Am imposanten **Denkmal des Freiherrn Karl Ferdinand von Stumm-Halberg** auf dem **Stummplatz** betreten wir den imposanten Einkaufstempel und schlendern durch die Mall bis zum Drogeriemarkt. Dort bedeutet mir Charly mit einem Blick, der keinen Widerspruch duldet, mich auf eine der Bänke zu setzen, um dort mit ihm auf seine Mama zu warten. Mit Charlys Mama meine ich Rosi, meine Frau. Sagen Sie jetzt bitte nicht: „Ach so, sein Frauchen", denn das mag Rosi genau so wenig wie ich das Herrchen. Wir beide sind nun mal mit Leib und Seele Mama und Papa für die Fellnase Charly, unser vierbeiniges Kind.

Hin und wieder treffen Charly und ich seine Mama nämlich im Center, und wenn er sie dann freudig begrüßt, was er natürlich immer tut, gibt es ein extrafeines Leckerli für ihn. Doch obwohl ich Charly gebetsmühlenhaft versichere, dass seine Mama heute bestimmt nicht ins Center kommen wird, ignoriert er meine Aufforderung, endlich weiterzugehen, und bleibt einfach stur neben der Bank sitzen. So viel zum Thema konsequente Hundeerziehung.

„Oh mein Gott, was ist der süß", höre ich plötzlich eine sanfte Frauenstimme. Vor mir steht eine attraktive Enddreißigerin und strahlt mich mit einem hinreißenden Lächeln an. „Verraten Sie mir bitte den Namen?", fragt sie.

Endlich mal eine Frau von Format mit einem guten Geschmack, schießt es mir spontan durch den Kopf, doch dann bemerke ich erst, dass sie damit den Hund meint, während sie für mich nur einen mitleidigen Blick übrig hat.

Charly hat dagegen ausgesprochen gute Chancen bei den Damen, was er immer wieder gerne unter Beweis stellt. Dafür wendet er beispielsweise folgenden Trick mit erstaunlich großem Erfolg an: Wenn er im Vorbeigehen an den Centergeschäften eine hübsche Verkäuferin entdeckt, setzt er sich demonstrativ vor den Eingang und fixiert sein Opfer so lange, bis die Dame auf ihn aufmerksam wird. Wenn sie dann den Fehler begeht, ihn freundlich anzulächeln oder gar anzusprechen, hat sie schon verloren. Dann wedelt der Vierbeiner freudig mit dem Schwanz und nähert sich ihr, wobei er in den allermeisten Fällen zarte Streicheleinheiten und Komplimente für sein hübsches Aussehen erntet. Nicht selten fällt dann auch mal ein Leckerli für ihn ab, wofür er sich dann gerne mit einem nassen Hundekuss bei der Dame bedankt, falls sie sich zu ihm herunterbeugt.

Der rumänische Schönling und ich verlassen den beeindruckenden Einkaufstempel mit 115 Geschäften, der 1989 eingeweiht wurde und somit bereits 35 Jahre auf dem Buckel hat, über den hinteren Ausgang in Richtung Gustav-Regler-Straße, die wir an der Fußgängerampel überqueren.

Vor uns liegt das **Alte Hüttenareal**, abgekürzt auch als **AHA** bekannt. Eine bessere Abkürzung hätte man tatsächlich nicht finden können angesichts der beiden **Hochöfen** samt **Winderhitzern**, dem gemauerten Schornstein neben der **Neuen Gebläsehalle** und dem Wasserturm, sozusagen die letzten Relikte des Neunkircher Eisenwerks, die Mahnmalen gleich in den stahlblauen Neunkircher Himmel ragen.

Auch die Gebläsehalle ist zu einem imposanten Kulturtempel umfunktioniert worden. Während ich Charly höchst fachmännisch den Prozess der Eisenerzeugung zu erklären versuche, hört der offensichtlich nur mit einem Ohr hin und nutzt stattdessen die Gelegenheit, alle markanten Bauwerke durch wiederholtes Heben des rechten Hinterbeins unmissverständlich als in seinem Revier befindlich zu markieren. Irgendwann wird ihm auch das zu viel und er zieht mich an der **Stummschen Reithalle** vorbei über die Peter-Neuber-Allee in Richtung **Spitzbunker**.

Spitzbunker - Stummsche Kapelle

Irgendwie erinnert mich der zum Teil mit Efeu und Moos bewachsene Spitzbunker an den legendären Zuckerhut in Brasilien, den ich allerdings nur von Fotos her kenne, aber auch ein bisschen an einen süßen kleinen Zuckerhut wie den bei der Feuerzangenbowle, der mir seit dem uralten Kinoklassiker *Die Feuerzangenbowle* mit Heinz Rühmann in der Hauptrolle in bleibender Erinnerung ist. Derart unsinnige Gedanken verflüchtigen sich jedoch augenblicklich bei der schrecklichen Vorstellung, dass in dem gewaltigen Spitzkegel aus Beton, der zu Beginn des 2. Weltkriegs errichtet wurde, bis zu 400 Werktätige auf mehreren Etagen Schutz vor Bombenangriffen fanden. Doch der Zugang war nur deutschem Personal vorbehalten, während beispielsweise Kriegsgefangene, die im Eisenwerk zu

Zwangsarbeit verpflichtet waren, draußen um ihr Leben bangen mussten. Nur noch ein Soldat in dem kleinen Einmannbunker mit den Schießscharten direkt neben dem Spitzbunker fand allenfalls noch ein bisschen Schutz. Schlimme Vorstellungen, die mich instinktiv wegtreiben von diesem Ort.

Ein Stück weiter oben, auf einer Anhöhe über der Peter-Neuber-Allee, scheint die einsam und verlassen wirkende **Stummsche Kapelle** geradezu auf Besuch zu warten, doch der Zugang zu der Mitte des 19. Jahrhunderts im neugotischen Stil errichteten Kapelle bleibt Charly und mir durch eine Umzäunung verwehrt. Aber der Vierbeiner lässt sich davon nicht aufhalten und schlängelt sich über einen schmalen Pfad links an der Umzäunung vorbei. Ein paar Meter hinter der Kapelle, halb verdeckt durch Gebüsch und einen Maschendrahtzaun, hat er einen rangierenden Güterzug entdeckt, dem er fasziniert zuschaut und nicht mehr von der Stelle zu bewegen ist, während ich kaum etwas zu erkennen vermag und daher zum Aufbruch dränge. Erst nachdem ich der Fellnase zum wiederholten Male versprochen habe, dass wir jetzt zur Bahnhofsbrücke gehen, weil wir dort einen viel besseren Blick auf die Bahnanlagen haben, trottet er gemächlich hinter mir her, hinunter zum großen Parkplatz.

Nur zufällig haben Charly und ich den kleinen Wasserfall entdeckt, weil mich mein Stadtführer vom Parkplatz aus mit Macht in Richtung der Bahnunterführung zum Gelände des **Eisenwerks** und der **Akademie der Saarwirtschaft**, kurz ASW genannt, zieht. Ganz versteckt liegt er dort. Mir war er jedenfalls noch nie vorher aufgefallen

Tatsächlich ein Wasserfall, mitten in Neunkirchen. Na ja, um ehrlich zu sein, er kann natürlich nicht mithalten mit den berühmten Wasserfällen auf unserem Planeten. Er kommt nicht ran an die Niagara-Fälle in Nordamerika, bei denen gewaltige Wassermassen über fünfzig Meter donnernd in die Tiefe stürzen. Auch die Viktoriafälle in Afrika mit einer Fallhöhe von über hundert Meter würden bestenfalls naserümpfend über den Winzling in meiner Heimatstadt hinwegsehen. Selbst der Rheinfall in Schaffhausen oder der Wasserfall in Triberg würden ihn nicht als Ihresgleichen anerkennen oder ihn allenfalls als kleinen Hüpfer belächeln. Kein Wunder, denn er ist kaum einen Meter hoch, nur etwa zehn Meter breit, und er hat auch keinen Namen. Jedenfalls ist mir keiner bekannt. Daher habe ich ihm einen gegeben. Wichtelfall heißt er jetzt, für mich jedenfalls, weil er meiner Ansicht nach zumindest ein wichtelgerechtes Wasserfallformat hat.

Er fristet ein kümmerliches Dasein, weil ihm offenbar kaum einer außer mir Beachtung schenkt. Vielleicht ist er mir gerade deshalb so ans Herz gewachsen im Laufe der Jahre. Und so suche ich hin und wieder seine Nähe, stehe am Bliesufer, beobachte ihn eine Weile und lasse meinen Gedanken freien Lauf, gerade so wie das Wasser, das unentwegt an mir vorbeizieht und mich daran erinnert, dass sich nichts im Leben aufhalten lässt und dass auch Abstürze dazu gehören, im Großen wie im Kleinen. Und manchmal werden aus meinen Gedanken auch Geschichten.

Klammheimlich male ich mir aus, dass er vielleicht doch eines Tages Berühmtheit erlangen könnte, vielleicht als der kleinste Wasserfall der Welt, und dass ich mich als sein Entdecker dann ein bisschen in seinem Glanz sonnen könnte. Nichts weiter als einer meiner vielen unrealistischen Wunschträume. Sei´s drum, ich finde jedenfalls, dass er wenigstens ein kleines bisschen mehr Aufmerksamkeit verdient hätte, denn ansehnlich ist er immerhin, wie ich finde.

Parkplatz Spitzbunker - Bahnhof - Bahnhofstraße

Vom kleinen Wasserfall aus führt mich Charly an der Autovermietung vorbei über die Gustav-Regler-Straße in Richtung der **Bahnhofsbrücke**.

Es ist merklich kühler geworden, dort oben. auf der windigen Brücke. Offenbar beginnt sich der Sommer langsam auf seinen Ausstieg vorzubereiten. Unser Blick fällt hinunter auf die Gleisanlagen, die sich unter uns ausbreiten und irgendwo in Richtung Horizont aufzulösen erscheinen. Viele Wege führen nach Rom, heißt es bekanntlich, aber ob die hier nach Rom führen? Wohl kaum, denn sie verlaufen schließlich in einer ganz anderen Richtung oder besser gesagt in zwei anderen Richtungen, je nachdem, in welche man sich bewegt.

Welches Gleis würdest du nehmen und für welche Richtung würdest du dich entscheiden, frage ich mich, obwohl ich doch eigentlich gar nicht weg will. Gedankenlose Gedanken halt, nichts weiter. Oder doch? „War es in deinem Leben nicht oft ganz genau so, dass du vor der Wahl standest, in welcher Spur du dich in welche Richtung bewegen solltest oder müsstest, im Privaten genau so wie im Beruflichen? War da nicht immer die Angst, sich für den falschen Weg oder für die falsche Richtung zu entscheiden? War damit auch nicht immer die Frage verbunden, ob vielleicht doch eine andere Wahl die bessere Wahl gewesen wäre?" Sinnlose Fragen, auf die es niemals eine Antwort gab und auch niemals eine Antwort geben wird.

Aber es gibt doch auch Weichen, mit denen man die Spur sogar während der Fahrt noch wechseln kann, kommt mir in den Sinn. *Doch die Weichen werden oft nicht von dir, sondern von anderen gestellt, worauf du keinen Einfluss hast, sofern du nicht vorher aussteigst oder vom fahrenden Zug springst*, sagt mir meine innere Stimme, und weiter: *Auch im richtigen Leben wirst du mitunter ohne dein Zutun oder gegen deinen Willen auf ein anderes Gleis geschoben, das sich irgendwann als Irrweg oder als Abstellgleis herausstellt, meistens dann, wenn es zu spät ist.*

Während ich mit offenen Augen von einer Zeitreise durch mein Leben träume, hat Charly die Menschen auf den Bahnsteigen und die an- und abfahrenden Züge im Visier. Er liebt solche Blicke von oben herab, wenn sich unter ihm etwas tut. Zwischenzeitlich bin ich mit meiner Gedankenreise am Ende der Welt angekommen um festzustellen, dass es tatsächlich kein Ende gibt. Hinterm Horizont geht´s bekanntlich weiter wie bei den Zuggleisen unter uns.

Ein Ruck an der Leine zerrt mich aus derart tiefsinnig-sinnlosen Gedanken. Charly hat offenbar die Schnauze voll vom ewigen Starren auf langweilige Gleise unter dieser zugigen Brücke. *Ob Zugbrücken vielleicht deshalb so heißen?* Ein letzter idiotischer Gedanke, bevor wir beide weiter in Richtung Innenstadt dackeln, obwohl Charly alles andere als ein solcher ist, worauf er verständlicherweise großen Wert legt.

Auf der Wiese am **Wolsztyner Platz** hat mein angeleinter Vordermann ein dringendes Geschäft zu erledigen, während ich den daraus resultierenden Entsorgungsproblemen Rechnung trage. Beim Weitergehen fällt mein Blick auf einen großen Stein, den ein Metallschild ziert, auf dem zu lesen ist, dass die Städtepartnerschaft mit der 900 Kilometer nordöstlich von hier gelegenen polnischen Stadt im Jahr 2010 begründet wurde.

An der Ecke Wellesweilerstraße - Bahnhofstraße sehe ich Gerhard, einen alten Bekannten, auf seinem Rollator vor dem Eingang der **Seniorenresidenz Evergreen** sitzen. Wir wechseln ein paar Worte miteinander. Er ist etliche Jahre älter als sich. Seine Frau sei vor zwei Jahren gestorben und er habe kurz darauf einen Schlaganfall bekommen. Wegen der daraus resultierenden Lähmungserscheinungen habe er nicht mehr alleine in seinem Haus bleiben können und lebe jetzt hier in der Seniorenresidenz, erzählt er mir. Dabei streichelt er Charly mit Tränen in den Augen. Seinen Hund habe er nach dem Umzug ins Seniorenheim ins Tierheim abgeben müssen. „Das bricht mir endgültig das Herz. Pass daher gut auf dich und deinen Hund auf", ermahnt er mich zum Abschied. Auch Charly scheint zu spüren, was in Gerhard vorgeht. Er stellt sich auf die Hinterbeine, legt die Pfoten auf seinen Schoß und leckt ihm zärtlich durchs Gesicht. Als ich den Hund schimpfend zurückziehen will, schüttelt Gerhard den Kopf. „Lass ihn bitte, das hat meiner auch hin und wieder gemacht. Ich betrachte es als Ausdruck einer tiefen Zuneigung, und die tut mir wirklich sehr gut." Ich ahne, wie einsam sich Gerhard fühlen muss. „Gib mir bitte mal deine Telefonnummer", sage ich zu ihm, „damit Charly und ich dich wenigstens ab und zu mal hier draußen besuchen können, wenn du magst." Gerhard strahlt dabei über das ganze Gesicht, schüttelt mir die Hand, bedankt sich überschwänglich und winkt uns beiden auf unserem Weg Richtung Stadtmitte noch lange nach. Mir wird schlagartig bewusst, wie schnell doch das Schicksal zuschlagen und wie froh und dankbar man daher sein sollte, wenn einen das Schicksal vor solchen Schlägen bisher verschont hat. Spontan schicke ich daher ein kleines Dankgebet zum Himmel über unserer Heimatstadt.

Bahnhofstraße bis Unterer Markt

Im Eilmarsch zieht mich Charly durch die Bahnhofsstraße, vorbei am **Corona-Hochhaus**, wo er nach links in die Lindenallee abbiegt. Im Bereich des **Gesundheitsamtes** überqueren wir die Straße in Richtung Hammergraben.

Feuchter Herbstnebel kriecht mir klammheimlich durch die Jacke, um mir eine Gänsehaut zu bescheren. Auch das Denkmal am Hammergraben, an dem ich sonst oft achtlos vorbeigehe, hat er umhüllt. Doch Charly scheint es magisch hinzuziehen zum **Denkmal des Sense Eduard**, der schon über ein Vierteljahrhundert hier auf einem Koffer sitzt, seine Dienstmannmütze mit der Nummer 2 neben sich. Mit dem rechten Arm stützt er sich auf dem Oberschenkel ab, während er die überdimensionale linke Hand lauschend ans Ohr hält. Doch kein Laut ist zu hören. Es ist still, fast gespenstisch still an diesem Sonntagmorgen, an dem sich die Stadt vom hektischen Trubel während der Woche zu erholen versucht.

Misstrauisch beäugt Charly die reglos dasitzende Gestalt, umkreist sie in sicherem Abstand, nähert sich dem vorgestreckten Bein und schnuppert daran, derweil ich die Szene auf dem kalten Steinblock sitzend beobachte. Plötzlich stellen sich Charlys Nackenhaare, er fängt an zu knurren und weicht verängstigt zurück.

Was mag in ihm vorgehen, dem kleinen rumänischen Straßenhund, den wir bei uns aufgenommen haben, um ihn vor dem ansonsten unausweichlichen Schicksal in einer Tötungsstation zu bewahren? Der Vierbeiner konnte dem sicheren Tod noch rechtzeitig entrinnen, während der, den er gerade anknurrt, damals keine Chance hatte und 1941 in der Tötungsanstalt Hadamar dem grauenhaften nationalsozialistischen Euthanasiewahnsinn zum Opfer fiel.

Riecht Charly etwa noch die tödliche Gefahr, der dieser freundliche und humorvolle Dienstmann ausgesetzt war? Versucht er gar, ihn mit seinem

Knurren davor zu warnen?, schießt es mir spontan durch den Kopf, während ich im gleichen Moment diesen absurden Gedanken wieder verdränge. „Keine Angst, Charly, es ist nur ein Denkmal, weiter nichts", versuche ich den Hund und auch mich selbst ein bisschen zu beruhigen. Hastig ziehen wir beide weiter in Richtung Pasteurstraße, während die Gestalt des Dienstmannes Nummer 2 hinter uns langsam im Nebel verschwindet.

In der Lutherstraße angekommen fällt unser Blick auf die große Baustelle am Platz der alten **Lutherschule**, die einem modernen Neubau weichen musste. *Hat der Zahn der Zeit wirklich so heftig an dem alten Schulgebäude aus den Fünfziger Jahren genagt, dass man es abreißen musste,* frage ich mich als alter Heimwerker, der in seinem Leben über viele Jahre unser altes Gemäuer saniert hat. Wenn man so etwas für sich und damit nur für Gottes

Lohn tut, ist das zwar noch zu finanzieren, aber natürlich nicht, wenn man für alle Gewerke Unternehmen beauftragen muss. Ob man in der heutigen Zeit nicht vielleicht trotzdem zu hohe Ansprüche stellt und zu viele überbordende bürokratische Vorschriften beachten muss, frage ich mich. Auch dass der Neubau der Schule exakt an der gleichen Stelle, also mitten in der verkehrsbelasteten Innenstadt, errichtet wird, erstaunt mich. *Es wird wohl alles seinen guten Grund haben*, denke ich mir. Zum Glück stehen am Unteren Markt noch mit dem **Karl-Ferdinand-Haus** und der imposanten **Christuskirche** zwei sehr beeindruckende historische Bauwerke, deren Bau über die Unternehmerfamilie von Stumm im 19. Jahrhundert finanziert wurde. Das Neunkircher Stadtwappen ziert übrigens in abstrahierter Form das evangelische Kirchengebäude.

Eine ältere Dame, deren Einkaufstasche Charly offenbar intensiv schnüffelnd kontrolliert hat, während mein Blick auf die beiden imposanten Gebäude gerichtet war, steht hinter mir und weist mich empört zurecht. Sie gibt mir unmissverständlich zu verstehen, wie ungeeignet ich ihrer Meinung nach doch als Hundehalter sei, mustert uns beide abfällig von oben bis unten, schleudert uns ein „Kein Wunder, wie der Herr, so's Gescherr!" entgegen und versucht Charly zu allem Übel auch noch mit ihrem Gehstock auf Distanz zu halten. Vierbeiner lieben bekanntlich Stöckchen, auch wenn sie etwas größer sind. Das gilt natürlich auch für Charly, aber das scheint der Dame nicht bewusst zu sein. Nur mühsam kann ich die Fellnase im letzten Moment davon abhalten, sich des aus seiner Sicht freundlich angebotenen Objektes durch kräftiges Zupacken zu bemächtigen. Fluchtartig verlassen wir beide daraufhin den Unteren Markt in Richtung Hüttenberg, gefolgt von einer nicht enden wollenden Schimpfkanonade.

Hüttenberg bis Marienplatz

Am **Denkmal des Eisengießers** verschnaufen wir beide ein bisschen, nachdem ich mich vergewissert habe, dass uns das schimpfende Frauenzimmer nicht gefolgt ist. Die beeindruckende Skulptur auf ihrem hohen Sockel wurde unserer Stadt noch vor dem 2. Weltkrieg vom Eisenwerk gestiftet, wobei der Eisengießer mit seiner großen Schöpfkelle stellvertretend für die Belegschaft des Neunkircher Eisenwerkes stehen soll.

Mein besorgter Blick fällt auf Charly, der den steilen Hüttenberg anvisiert hat. Er wird doch hier nicht etwa hinauf wollen? Doch meine dunkle Vorahnung scheint sich zu bestätigen, obwohl wir nur über ein fünf Meter langes und relativ dünnes Seilband miteinander verbunden sind. Noch zögere ich. Ob uns der Gipfelsturm gelingen wird? Erhard kommt mir spontan in den Sinn, der vor ein paar Jahren sogar den Kilimandscharo bestiegen hat, ganz ohne Sauerstoff. Allerdings war der ja auch ein paar Jahre jünger als ich jetzt. Zugegeben, man kann den Hüttenberg zwar nicht mit dem Kilimandscharo vergleichen, doch so ganz ohne ist er natürlich auch nicht.

Plötzlich spannt sich das Seil und reißt mich aus meinen Gedanken. Auf allen Vieren macht sich Charly hinauf und ich stapfe tapfer im halbwegs aufrechten Gang hinterher. Über elf Prozent Steigung gilt es zu überwinden. Bilder aus längst vergangenen Zeiten tauchen plötzlich in meinem Kopf auf, denn auch die **Neunkircher Straßenbahn** hatte den Hüttenberg bis 1978 gleich mehrmals am Tag bewältigt. Ein gewaltiges Ungetüm auf Gleisen mit über 270 PS, was bekanntlich für Pferdestärken steht, doch wir beide können da nicht annähernd mithalten, ein Tandem auf sechs Beinen, nur bestehend aus einer MS (Menschenstärke) und einer HS (Hundestärke). Mühsam bekämpfe ich meinen inneren Schweinehund und „eile" meinem Leithund im Schneckentempo hinterher. Charly drängt laut hechelnd mit heraushängender Zunge hinauf, woran ich mir in jeder Beziehung davon ein Beispiel nehme.

Wir kämpfen uns durch die enge Straßenschlucht, vorbei am ehemaligen Spielwarengeschäft Malter, an trostlos leeren ehemaligen Goldgruben der einstigen Neunkircher Einkaufsmeile, vorbei am verlassenen **Eden-Kino**, das schlagartig längst vergessene Kinder- und Jugendträume bei mir ins Gedächtnis ruft. Winnetou auf seinem schwarzen Hengst Iltschi und Old Shatterhand auf Hatatitla hätten diesen imposanten Berg sicherlich im Nu erstürmt.

Das gibt mir neue Kraft. Schließlich erreichen wir das Plateau vor der **Marienkirche** und ich sinke auf dem Kirchenvorplatz erschöpft auf eine der unbequemen Metallbänke. Für mich ist das im neoromanischen Stil erbaute Bauwerk eine der schönsten Kirchen in unserer Region. Wie immer wandert mein Blick zuerst hoch hinauf zur Kirchturmspitze und dann langsam wieder nach unten, vorbei an der schönen Turmuhr mit den goldenen römischen Zahlen und Zeigern unter dem Dreieck des Turmdachs, und dann weiter hinab, vorbei an den Fensterbögen bis hinunter zu den drei Eingangsportalen mit den schweren Holztoren. Ein paar Meter weiter rechts steht das Pfarrhaus, das mit seinem weißen Außenputz einen farbigen Kontrast zum Kirchenbau aus Sandstein bildet, dessen ursprünglich typisch rotbraune Farbe im Laufe der Zeit an immer mehr Stellen mit einer dunklen Rußschicht bedeckt ist, was die strahlende Schönheit dieser Kirche dennoch nur unwesentlich beeinträchtigt, wie ich finde.

Die Zeit macht angeblich nur vor dem Teufel halt, der von Jesus Christus nach seiner Auferstehung laut Bibel vor über 2000 Jahren in die Schranken gewiesen wurde. Und diese Lichtgestalt steht hoch oben auf einem Torbogen zwischen der Marienkirche und dem Pfarrhaus mit einem Hirtenstab in der rechten Hand und einem kleinen Lamm auf seiner linken Schulter. Der Begriff Lamm Gottes kommt mir dabei in den Sinn, das als Osterlamm ein Symbol für die Auferstehung von Jesus Christus drei Tage nach seiner Kreuzigung darstellen soll.

Über viele Jahrzehnte haben Staub und Ruß der ehemaligen Hüttenstadt sowie Autoabgase ihre Spuren auch auf der Jesusfigur mit dem Lamm hinterlassen und ihr einen stumpfen beigefarbig anmutenden Teint verpasst. Dennoch finde ich sie wunderschön und wundere mich, warum die meisten Menschen oft achtlos an ihr vorbeigehen, vielleicht, weil sie einem nicht gerade direkt ins Auge fällt und weil man den Blick schon ein bisschen nach oben richten muss. Dagegen muss ich mich zwangsläufig bei jedem Vorbeigehen vergewissern, ob sie noch an ihrem Platz steht. Ich weiß zwar auch nicht genau warum, aber die imposante Erscheinung, die dieses kleine Lamm so liebevoll und behutsam trägt, ist mir einfach ans Herz gewachsen in all den Jahren.

Das gilt auch für den kleinen Jesus an der rechten Flanke der Marienkirche, den ich mir vor unserer nächsten Etappe noch kurz anschauen möchte. Kaum wahrnehmbar, mit leicht ausgebreiteten Armen, steht er hinter dem Pfarrhaus, den Blick auf die Wiese vor seinen Füßen gerichtet. Ob er dort einen Vogel, ein Eichhörnchen oder gar ein Maus beobachtet? Ich weiß es nicht. Ich komme leider auch nicht näher heran an ihn, weil mir der Zutritt durch einen Zaun verwehrt wird. Immerhin ist der Kleine jetzt deutlich besser zu sehen, nachdem er sich beim letzten Besuch ein bisschen im Laub einer Hecke versteckt hatte. Doch dazu hat er eigentlich nicht den geringsten Grund, der nicht minder schöne kleine Jesus, der sich mit einer Grünspanschicht offenbar seiner Umgebung anzupassen versucht.

Plötzlich beginnen wie auf Kommando die Glocken zu läuten. Merklich erschreckt treibt mich Charly wieder zurück über den Vorplatz, wo die Heilige Maria mit dem Jesuskind auf dem hohen Denkmalsockel uns ein huldvolles Lächeln schenkt, während uns der Kleine auf ihrem Arm aufmunternd zuwinkt. Das werte ich als ein gutes Zeichen für unseren weiteren Aufstieg.

Marienplatz bis Oberer Markt

Nachdem Charly und ich das steilste Stück vom Hüttenberg bis hinauf zur Marienkirche geschafft haben, steht die nächste Etappe bis zum **Oberen Markt** an. Wie immer trabt der vierbeinige Rumäne als Führer unserer Zweierseilschaft voran und gibt das Tempo vor, während ich nicht nur ihm, sondern auch mal wieder meinen Gedanken nachgehe und dabei einmal mehr in die Vergangenheit abdrifte. Unfassbar, wie viele Geschäfte und Lokale auf dieser relativ kurzen Strecke im Laufe der letzten Jahrzehnte tatsächlich „auf der Strecke geblieben" sind. Auf der rechten Straßenseite gleich zwei Cafés, ein Schmuckgeschäft, eine schummrige Bar, ein Tanzcafé, ein Fischgeschäft, dessen penetranter Heringsgeruch mir noch heute in der Nase steckt, und ein Radiogeschäft an der Einmündung zur Schwebelstraße. Und auf der linken Seite des Hüttenbergs, direkt neben der Marienkirche, ein Möbelhaus, das Volkshaus, ein Bettengeschäft und das von Kindesbeinen an geliebte Eiscafé Dolomiti. Direkt darunter stand bis in die Kriegsjahre die Rheinische Dampfbäckerei meines Großvaters Johann Eich, an die mich ein vergilbtes Foto zu Hause erinnert.

Plötzlich stellt sich Charly quer vor mich, sodass ich fast über ihn gestolpert wäre. Das macht er immer, wenn er ein Stück weit getragen werden will. Als er vor vier Jahren als Welpe zu uns kam, habe ich ihm manchmal den Gefallen getan, und das hat er sich leider gemerkt. Und so schleppe ich mich mit ihm auf den Armen den Rest vom Hüttenberg hinauf. Eine Passantin kommt mir entgegen. Mitleidig schaut sie den Hund an und fragt, ob denn das arme Tier verletzt sein. „Nein", schnaufe ich, „dieser blöde Hund ist nur zu faul zum Laufen." Die Dame kann sich offenbar nur mühsam ein Grinsen verkneifen und gibt mir vieldeutig zur Antwort: „Na ja, zumindest den Hund würde ich gerade nicht als blöd bezeichnen." Dann geht sie weiter, während mir ihr schallendes Lachen noch eine ganze Weile in den Ohren klingt.

Mittlerweile haben Charly und ich den Oberen Markt erreicht. Wir traben vorbei an der ehemaligen Metzgerei in der Langenstrichstraße, bei der es schon eine ganze Weile nicht mehr um die Wurst, sondern um die Kunst geht.

Das ehemalige Kino auf der anderen Seite, damals nur **Burgtheater** genannt, weckt Erinnerungen an tolle Filme aus den 60ern in mir, wo Cowboy-, Indianer- und Ritterfilme aus der Kinder- und Jugendzeit mit zunehmendem Alter Krimis, Horrorfilmen und auch ersten erotischen Filmchen weichen mussten, die heutzutage niemand mehr hinterm Ofen hervorlocken würden. So ändern sich nun mal die Zeiten. Auch ein Schuhgeschäft, ein Schreibwarenladen und eine Drogerie tauchen vor meinem geistigen Auge auf, ebenso wie das ehemalige Gasthaus Hopfenblüte, das links neben dem mächtigen **Rathaus** stand und einer grünen Wiese weichen musste, die Charly mal wieder geschäftlich ansteuert. Wenigstens gibt sie den Blick auf die ehemalige **Pauluskirche** frei, die vor Jahren entweiht wurde und heute als koptisch-orthodoxes Gotteshaus dient.

Als ich nach links in die Heizengasse in Richtung nach Hause abbiegen will, trifft mich Charlys missbilligender Blick. Daraus wird wohl nichts, und so stapfe ich zähneknirschend hinter meinem Leitwolf her in der durchaus nicht abwegigen Befürchtung, dass mir noch ein langer Fußmarsch bevorsteht. Wie bereits erwähnt bin ich nur zweiter Mann hinter dem Stadtführer mit der Fellnase, der die Richtung vorgibt.

Oberer Markt bis Mantes-la-Ville-Platz

Nachdem Charly seinen „Stammbaum" auf der kleinen Wiese neben dem Rathaus, also dort, wo früher die Hopfenblüte stand, markiert hat, marschieren wir im Eiltempo die Marktstraße hinunter. Noch ist mir schleierhaft, warum er es so eilig hat, bis ich ein Stück vor uns eine attraktive Blondine mit einer süßen kleinen Pudeldame entdecke. Ein stummer Blick zwischen uns beiden genügt und wir legen noch einen Zahn zu. Charly nähert sich leider in etwas sittenwidriger Absicht der Vierbeinigen von hinten, worauf ihn diese kläffend in die Schranken weist und ich mir von der Zweibeinigen einen Vortrag über die Erziehung und korrekte Führung von Hunden an der Leine anhören muss, bevor die beiden im Duett schimpfend und bellend davonrauschen. Wie ein begossener Pudel lasse ich mich sicherheitshalber ein Stück zurückfallen. Den nunmehr zweiten weiblichen Angriff hintereinander, wenn auch den deutlich attraktiveren, muss ich erst mal verkraften. Winselnd gibt mir Charly zwar zu verstehen, dass er gerne noch einen weiteren Anlauf starten möchte, aber diesmal bleibe ich so lange mit ihm stehen, bis die beiden Damen an der Ampelkreuzung in die Talstraße abbiegen. Erst dann nehmen wir wieder Fahrt auf.

Erneut befällt mich Wehmut angesichts der seit vielen Jahren schon leer stehenden Geschäfte und Kneipen entlang des Weges. Nur Leitern Wagner gibt es noch, wo meine Schwiegereltern vor endlos langer Zeit „e Handwähnsche" als Transportmittel gekauft hatten, das jetzt als nostalgischer Hingucker unseren Hauseingang ziert. Auch die alten Holzschlitten für unsere Kinder, die dank der guten Qualität immer noch existieren, wurden von Wagner gebaut. Jammerschade, dass auch das imposante Backsteingebäude mit der Gaststätte „Zur Schlossbrauerei" am ehemals Scharfen Eck nur noch in meiner Erinnerung existiert, ebenso wie die ehemalige **Schlossbrauerei** auf der gegenüberliegenden Straßenseite, die dem jahrzehntelangen Kneipensterben in unserer Region irgendwann Tribut zollen musste und 1997 die Produktion in Neunkirchen einstellte.

Mittlerweile sind wir in der Hohlstraße angelangt, die von waschechten Neinkeijern nur die Hohl genannt wird. Gedankenverloren trabe ich hinter Charly her und erinnere mich dabei an so manche Straßenbahnfahrt in den Fünfziger Jahren durch die damals noch relativ enge Straßenschlucht. Auf der abschüssigen Fahrtstrecke hinunter zum Heusnersweiher, heute **Mantes-la-Ville-Platz** genannt, rutschte man immer wieder auf den kalten und glatten Holzbänken hin und her, wenn der alte Triebwagen durch eine Kurve fuhr oder bremste und beschleunigte, so sehr man sich auch bemühte, während der Fahrt ruhig sitzen zu bleiben.

Charly konzentriert sich währenddessen darauf, unseren Laufweg akribisch zu markieren, wobei er aus Sicherheitsgründen keinen einzigen Pfosten von Verkehrschildern oder der Ampelanlage auslässt. Endlich haben wir die Talsohle erreicht und ich will nach links ins Wagwiesental in Richtung Heimat abbiegen, womit Charly keineswegs einverstanden ist. Unmissverständlich gibt er mir als Führer unserer Zweierseilschaft mit einem Blick hinauf in Richtung Scheib zu verstehen, dass wir bergsteigerisch noch lange nicht am Ende sind.

Mantes-la-Ville-Platz bis Scheib

Vom Brunnen am Mantes-la-Ville Platz aus steuert Charly gezielt den weiteren Aufstieg durch die Zweibrücker Straße an. Eigentlich habe ich überhaupt keine Lust mehr, hinter ihm auch noch dort hinauf zu hecheln, aber der vierbeinige Rumäne kennt einfach keine Gnade. Ich bin müde und obendrein nervt mich der Straßenlärm tierisch, ganz im Gegensatz zum schwanzwedelnden Vierbeiner vor mir. Zudem ärgere ich mich einmal mehr über mich selbst, weil ich Charly vor Jahren schon die Führung beim Gassigehen überlassen habe, die er jetzt auf keinen Fall wieder aus der Hand - oder besser gesagt aus den Pfoten - geben will. Eigentlich wollte ich ja ins Wagwiesental abbiegen und es mir dort auf einer Parkbank gemütlich machen, doch vor der grünen Fußgängerampel am ehemaligen Gasthaus Olympia bleibt der gefleckte Rumäne einfach stur wie ein Panzer stehen und rührt sich keinen Millimeter mehr vom Fleck. Vorbeifahrende Autofahrer hupen und beschimpfen mich, weil ich die Ampel ihrer Meinung nach nur so zum Spaß gedrückt und damit den Verkehrsfluss unterbrochen habe. „Siehst du, was du mal wieder angerichtet hast, du blöder Hund!", versuche ich meinen Frust an der Fellnase abzureagieren, doch der schaut mich nur kurz mit missbilligenden Blicken an und trabt dann unverdrossen bergauf.

Vorbei geht es am Hotel Zum Ellenfeld und dem stilvollen Gebäudekomplex an der Einmündung zum Unteren Friedhofsweg, der bis 1970 eine **Volksschule** beherbergte. Mein Blick fällt auf die andere Straßenseite in Richtung Funkenheim, der Residenz des Neunkircher Karnevalsvereins Rote Funken. Plötzlich läuft ein Film aus längst vergangenen Zeiten vor meinem geistigen Auge ab. Ich sehe mich als kleinen Jungen beim Rosenmontagszug durch die Stadt auf einem prächtig geschmückten Lastwagen den vielen Menschen entlang der Zweibrücker Straße zuwinken, nachdem mich ein freundlicher älterer Herr mit Narrenkappe und samtrotem Umhang damals ein kleines Stück mitfahren ließ, bevor ich am Heusnersweiher wieder aussteigen musste, die

Hosentaschen und den Bauch voller „Fasenachdsgutzjer". Über sechzig Jahre ist das schon her, und aus dem kleinen Jungen ist mittlerweile selbst ein (noch) älterer Herr geworden, dessen Schädel zwar keine bunte Narrenkappe, aber immerhin eine graue Baseballkappe vor dem ansonsten unweigerlichem Sonnenbrand auf der relativ frei liegenden Denkerstirn schützt.

Endlich haben wir die Kuppe der Zweibrücker Straße erreicht und sind damit auf der **Scheib** gelandet, wie man dieses Plateau bezeichnet. Im Duett schnaufend bleiben wir kurz stehen und werfen einen Blick stadtauswärts in Richtung Furpach. Der etwa 310 Meter hohe Scheiber Gipfel ist durchaus schon beachtlich, doch jetzt hat auch mich der bergsteigerische Ehrgeiz geweckt. Ich will jetzt auch ganz nach oben, wenn auch nur etwa fünfzig Höhenmeter weiter hinauf auf die **Spieser Höhe**, den innerstädtischen Mount Everest sozusagen. Zugegeben, auch dieser Vergleich ist ziemlich weit hergeholt, aber eine Art Gipfelsturm ist es schon, jedenfalls für Charly und mich. Auch der Vierbeiner scheint nichts dagegen zu haben und so biegen wir zu allem entschlossen nach rechts in die Herrmannstraße ab.

Herrmannstraße bis Spieser Höhe

Unser Gipfelsturm bis zur Spieser Höhe hinauf, die mit etwa 364 Metern mehr als 120 Meter höher liegt als der Stummplatz im Stadtzentrum, beginnt. Charly und ich müssen von hier aus zwar nur noch ca. fünfzig Höhenmeter überwinden, allerdings auf einer Strecke von etwa zwei Kilometern. Aus Charlys Hecheln und meinem Schnaufen schließe ich messerscharf, dass die Luft offenbar schon deutlich dünner geworden ist. Da tut ein ordentlicher Schluck aus dem Sacksüffer in meiner Hosentasche richtig gut. Allerdings ist der mittlerweile nur noch knapp halbvoll. *Vermutlich liegt das daran, dass Alkohol in großer Höhe leichter verdunstet*, versuche ich mir das Phänomen zu erklären.

Unser Gespann trabt vorbei am beeindruckenden historischen Altbau des **Seniorenheims St. Vincenz**, das in den Fünfzigern auch als Waisenhaus gedient hat. Rosi, musste die ersten drei Jahre ihres Lebens dort verbringen, bevor sie adoptiert wurde. Sie bekommt heute noch Brechreiz beim Gedanken an den Waisenhausbrei, mit dem die Kleinen im wahrsten Sinne des Wortes abgespeist wurden.

Charly reißt mich mit einem heftigen Ruck an der Leine aus meinen Gedanken, weil ihn von der anderen Straßenseite ein Boxer ankläfft und sein Frauchen ihren Hund nur mühsam unter Kontrolle halten kann. Kein Wunder, weil die Dame beim Gassigehen unentwegt auf ihr Smartphone starrt.

Unser Weg führt unaufhaltsam weiter hinauf bis zum **Schaumbergring**, früher auch als „die Flak" bezeichnet, weil sich dort im 1. Weltkrieg eine Flugabwehrkanonen-Stellung (daher auch die Abkürzung) befand. Nur unwesentlich geht es jetzt noch bergauf zum höchsten Punkt. Am **Jüdischen Friedhof** verschnaufen Charly und ich vor der Friedhofsmauer ein wenig und ich gönne mir aufgrund unseres glorreichen innerstädtischen Gipfelsturms einen letzten Schluck aus der Pulle.

Doch beim Blick auf die Gräber befällt mich tiefe Traurigkeit, wenn ich an den Holocaust mit all seinen Gräueltaten denke, die im 2. Weltkrieg an der jüdischen Bevölkerung verübt wurden. Nichts hält mich plötzlich länger hier. Hastig dränge ich meinen vierbeinigen Vordermann daher zum Aufbruch.

Spieser Höhe bis Ellenfeld

Mit mir im Schlepptau steuert Charly vom jüdischen Friedhof aus über einen schmalen Trampelpfad die Hochhäuser im **Altseiterstal** an. So vieles hat sich hier verändert, denke ich mir, als unser Gespann an den Hallen der Gewerbebetriebe und am WZB vorbeizieht. Vergeblich versuche ich mich daran zu erinnern, wie es hier noch in meiner Kindheit und Jugendzeit ausgesehen hat, aber meine grauen Zellen haben davon offenbar keine Bilder mehr gespeichert. Jammerschade!

Charly zieht es plötzlich nach links auf die noch unbebaute große Wiesenfläche und ich stehe schon nach wenigen Metern mit klatschnassen Füßen auf dem völlig aufgeweichten Wiesengrund. Meine Schimpfkanonade über das Führungsversagen des Vierbeiners, dem ich wie so oft gedankenverloren hinterhergedackelt bin, lässt diesen jedoch völlig kalt, genau so kalt wie meine nassen Füße.

Als wir endlich einen halbwegs trockenen Bereich erreicht haben, ziehe ich die triefenden Schuhe aus und gieße den übel riechenden Inhalt aus. Ein Stück weiter unten kommt uns ein offenbar aus der Alpenregion angereister Waldschrat mit langen grauen Haaren unter einem Filzhut und kaum kürzeren Vollbart in knielangen Lederhosen entgegen. „Griaß Gott“, dröhnt es mir in bayrischem Dialekt entgegen. Dann schaut er auf meine nackten Füße, klopft mir mit einem Prankenhieb anerkennend auf die Schulter und sagt: „Des is a sauguade Idee“ und hat im gleichen Moment auch schon seine Wanderschuhe ausgezogen.

Nur mühsam entnehme ich seinen Worten, dass er zum Jüdischen Friedhof will. „Gehen Sie einfach die Wiese ganz hinauf, dann links auf der Straße zu den Hochhäusern und dann nochmals links den schmalen Feldweg hoch“, erkläre ich ihm.

„Jo sauber, di hod mir der Himmel geschickt, des hätt I sonst nia gefunden", dröhnt er erneut und zum Dank trifft mich ein zweiter Prankenhieb auf die Schulter, den ich ohne mit der Wimper zu zucken zu verkraften versuche. Ich nicke gönnerhaft und wünsche ihm noch einen schönen Tag, während es ihn nach oben und Charly und mich weiter nach unten zieht. Kurze Zeit später höre ich hinter mir einen tierischen Aufschrei und dann: „Du damischer Saupreiß, wann I di dawisch!"

Offenbar hat auch der Waldschrat gerade ein Fußbad genommen. „Na wenigstens sind seine Schuhe nicht nass geworden", versuche ich den aufgeschreckten Hund und auch mich als noch kurz zuvor deklarierten Himmelsboten ein bisschen zu beruhigen. Aus Sicherheitsgründen ziehe ich es allerdings vor, mich im Eilschritt mit Charly in Richtung Ellenfeldstadion auf und davon zu machen.

Ellenfeld bis Ganztagsgemeinschaftschule

Im Altseiterstal geht es mit Charly im Eilmarsch den Weg hinunter. Vor uns liegt das legendäre **Ellenfeldstadion**, das noch heute den maroden Charme eines Fußballstadions aus den Anfängen der Bundesliga versprüht. Der Zahn der Zeit hat zwar schon kräftig am Stadion von Borussia Neunkirchen genagt, aber es ist nach wie vor eine der schönsten Fußballarenen in Deutschland, und daher auch für Groundhopper aus aller Welt ein beliebtes Ziel und Anschauungsobjekt. Die mächtige ´Spieser Kurve` ragt wie ein Amphitheater aus der Römerzeit in Richtung Himmel. Dort war bei Heimspielen damals übrigens mein Stammplatz. Blutige Gladiatorenkämpfe fanden hier zum Glück zwar nicht statt, aber für Zigtausende Zuschauer begeisternde Kämpfe um ein rundes Leder, die unsere Borussia in den 60er Jahren gegen die besten Fußballmannschaften Deutschlands bestritt.

Hinter der Wiese aufseiten der Gegengeraden trägt die Erschließungsstraße zu einem Neubaugebiet den Namen Willi Ertz-Weg. Schon bei diesem Straßennamen schweifen meine Gedanken einige Jahrzehnte zurück in die Vergangenheit, als der Hüne Willi Ertz im Tor die Münchner Bayern 1964 im Stadion an der Grünwalder Straße schier zur Verzweiflung brachte und die Borussen das Auswärtsspiel in der Aufstiegsrunde zur Fußball-Bundesliga mit 2:0 gewannen. Ein Meilenstein für den anschließenden Aufstieg in die höchste deutsche Fußballklasse. Noch immer unvorstellbar, dass der heutige Rekordmeister und mehrfache Champions Leaque-Gewinner unseren kleinen Borussen aus Neunkirchen damals den Vortritt lassen musste und erst ein Jahr später aufsteigen konnte.

Ins Innere des Stadions kann ich nur durch den Gitterzaun hinter der Gegengeraden blicken, und dabei wird mir plötzlich warm ums Herz. In Gedanken sehe ich sie alle wieder, die Fußballgrößen der damaligen Zeit. Uwe Seeler vom HSV, Sepp Maier und Franz Beckenbauer von den Bayern, Timo Konietzka von Borussia Dortmund, Günter Netzer, Jupp Heynckes oder Berti Vogts von Borussia Mönchengladbach und Wolfgang Overath vom FC Köln, um nur ein paar zu nennen. Sie alle aufzuzählen, würde den Rahmen meiner kleinen Zeitreise zurück in die Goldenen Fußballzeiten von Borussia Neunkirchen sprengen.

Karl Ringel und Günter Kuntz mit Elmar May und Paul Pidancet im Sturm, Schäumchen Schröder und Hans Schreier in der Abwehr, Horst Kirch und der lange Willi im Tor und viele andere haben sich in den schwarz-weißen Trikots der Borussia mit ihrem unbändigen Siegeswillen hier im Ellenfeld oft in die Herzen der vielen Zuschauer gespielt. Auf der Schlossbräuwiese hinter der Gegengeraden mussten die schwarz-weiß gefleckten Kühe bei Heimspielen regelmäßig das Feld für einige tausend Fußballbegeisterte räumen, die keinen Platz mehr im Stadion fanden, in das ich jetzt nur durch die Gitterstäbe schauen kann.

Trotzdem ein schöner Anblick, ein neuer, saftig-grüner Rasen und neu gestrichene Ränge links neben der Tribüne, die einen von den Fans gemalten

Schriftzug ziert. ELLENFELD-STADION HEIMAT SEIT 1912 ist darauf in schwarz und weiß zu lesen. Über 112 Jahre hat der altehrwürdige Fußballtempel also schon auf dem Buckel.

Der Zahn der Zeit nagt nicht nur am Stadion, sondern auch am sieben Jahre älteren Fußballverein. Lange Zeit erstklassig, und jetzt leider nur noch sechstklassig in der kleinen Saarlandliga. Für mehr reicht es aus finanziellen Gründen offenbar nicht. Jammerschade.

Und wieder hadere ich deswegen einmal mehr mit dem Fußballgott und frage ihn, wieso er noch immer keinem reichen Mäzen dieses fußballerische Kleinod schmackhaft gemacht hat, so einer mit besonders dickem Geldbeutel wie die, von denen unsere Nachbarn aus Elversberg, Saarbrücken und Homburg beispielsweise profitieren. Es sei ihnen von Herzen gegönnt, aber wer erbarmt sich endlich und weckt unsere Borussia und das Ellenfeld wieder aus dem Dornröschenschlaf hinter diesen Gittern. Doch auf eine Antwort von oben warte ich noch heute vergeblich.

„Komm Charly, wir gehen weiter", treibe ich meinen in Borussenfarben gefleckten Vierbeiner an. Am Stadion vorbei geht es über den Mantes-la-Ville-Platz in Richtung Wagwiesental. Charly, dem meine nostalgischen Schwärmereien offenbar überhaupt nicht zu interessieren scheinen, dokumentiert dies eindeutig und pinkelt dem imposanten Denkmal des Fußballers neben dem Stadion völlig respektlos ans Bein.

Erneut überfällt mich die Wehmut, als mein Blick auf den großen Lebensmittelmarkt fällt. Vor meinem geistigen Auge taucht es plötzlich wieder auf, das alte **Hallenbad** mit seiner geschwungenen Dachkonstruktion, einem zehn Meter hohen Sprungturm, einer Beckentiefe von viereinhalb Metern und mit so gut wie nie gefüllten Zuschauerrängen. Aber auch das ist bereits seit Jahren Geschichte. Dennoch vermag ich noch immer den typischen Chlorgeruch im Hallenbad zu riechen, noch heute verspüre ich den Druck auf den Ohren beim Hinabtauchen auf den Beckengrund und das Glücksgefühl, endlich den Boden berühren und wieder nach oben tauchen zu können.

Doch Charly lässt sich nicht von den erneuten Sentimentalitäten seines Hintermannes aufhalten und steuert mit mir das Wagwiesental an. Auch hier holt mich die Vergangenheit wieder ein, als mich der Vierbeiner im Eilmarsch hinter meiner alten **Schule** in der Haspelstraße und am **Sportplatz** vorbeihetzt. Hier an der damaligen Mittelschule drückte ich in den 60er Jahren die Schulbank. Über meine schulischen Leistungen möchte ich mich zwar nicht näher auslassen, doch auf dem Sportplatz sowie in den **Hallen von TUS 1860 Neunkirchen** waren sie jedenfalls akzeptabel, was etliche längst verstaubte Siegerurkunden von den alljährlichen Bundesjugendspielen noch heute eindrucksvoll belegen. Meine Schulzeugnisse aus dieser Zeit sind allerdings aus unerfindlichen Gründen spurlos verschwunden.

Hinter der TUS Halle 4 biegt Charly abrupt nach links ab. Im Schlepptau hechele ich hinter ihm den steilen Stich am ehemaligen Eiskeller vorbei hinauf zur Brunnenstraße. *Ob der vierbeinige Stadtführer schon nach Hause will?,* frage ich mich. Doch der denkt offenbar noch nicht daran.

Wagwiesental bis Stadtpark

Den relativ großen Grünzug Wagwiesental haben Charly und ich hinter uns gelassen. Doch dem Rumänen auf vier Pfoten scheint es noch immer nicht grün genug zu sein. Ich ahne schon, wo es ihn und damit zwangsläufig auch mich hinzieht. Er ist mal wieder auf der Suche nach Emmi, seiner vierbeinigen Freundin. Der deutlich größeren und weit mehr als doppelt so schweren Labrador-Hündin in Schwarz begegnen wir meistens im **Stadtpark**, den wir an den Gebäuden der **Feuerwehr** und der **Polizeiinspektion** vorbei ein paar Minuten später erreichen.

Der Stadtpark hatte schon zu meiner Sturm- und Drangzeit vor fast 60 Jahren auch verliebte Zweibeiner magisch angezogen. Die so genannte Liebesbank, die etwas abseits des Rundweges, hinter hohen Hecken gut versteckt, einen idealen Rückzugsort für Schmusereien bot, ist längst verschwunden. Vermissen tut man sie in meinem Alter offen gestanden aber nicht mehr, auch Charly nicht, denn der kennt bei der offenen Annäherung ans weibliche Geschlecht ohnehin wenig Hemmungen. Doch von Emmi fehlt heute leider jede Spur. Während ich gleich weitergehen will, beharrt Charly darauf, auf sie zu warten. Notgedrungen nehme ich daher Platz, nein, nicht auf der Liebesbank, sondern auf einer eher lieblosen Ersatzbank.

Mein Blick fällt auf die grüne Wiese, die in den 50er und 60er Jahren wie ein englischer Rasen gepflegt war. Liebend gerne hätten wir Jungs damals darauf Fußball gespielt, aber das wäre seinerzeit ein Spiel mit unserem Leben gewesen, denn auf der gegenüberliegenden Seite gab es nämlich eine ebenso düstere wie muffige Toilettenanlage, in der sich auch der Parkwächter, damals nur Schütz genannt, aufhielt, der den Stadtpark tagsüber mit Argusaugen bewachte. Und wehe dem, der es wagte, etwas auf den Boden zu werfen oder gar einen Fuß auf den grünen Rasen zu setzen. Dann ging im Stadtpark buchstäblich die Post, will sagen, der Schütz, ab, was wir Jungs natürlich gerne zum Anlass nahmen, den guten Mann hin und wieder ein bisschen damit zu ärgern. Dann kam er mit einem Affenzahn aus seinem Kabuff und rannte uns laut schimpfend und fluchend hinterher. Natürlich waren wir schneller als er, aber hin und wieder erwischte er doch einen von uns. Dann gab es was hinter die Löffel, wie er sich auszudrücken pflegte und für den Rest des Tages lief das Opfer dann mit knallroten Ohren durch die Gegend. Heutzutage undenkbar, ebenso undenkbar wie ein stets blitzsauberer Stadtpark damals. Leider!

Ein heftiger Ruck an der Hundeleine bringt mich schlagartig wieder in die Gegenwart zurück. Charly scheint wohl genug von der sinnlosen Warterei aufs weibliche Geschlecht zu haben und drängt zum Aufbruch. Offenbar hat er aber auch zum Selberlaufen keine Lust mehr und will einmal mehr wie ein kleines Kind auf den Arm genommen werden. Seinem arme Hunde Blick kann ich nicht widerstehen, stemme ihn laut fluchend hoch und schimpfe zum tausendsten Mal vergeblich, dass ich faule Hunde wie ihn nicht ausstehen kann. Doch der Vierbeiner aus Rumänien leckt mir zum Dank mit nasser Zunge ausgiebig durchs Gesicht, wohl wissend, dass ich keine Hände frei habe, um mich dagegen zu wehren.

Der alte Karl-Josef kommt uns mit schlurfenden Schritten entgegen. Er ist schon weit über achtzig, sieht und hört relativ schlecht und zieht sein rechtes Bein etwas nach, seit einem Arbeitsunfall vor vielen Jahren, wie er mir mal erzählt hat. Wir unterhalten uns wie immer für ein paar Minuten, weil ich weiß, dass er seit dem Tod seiner Frau ganz alleine in einem schäbigen kleinen Altbau mit einfach verglasten Fenstern und ohne Heizung hier ganz in der Nähe wohnt. Karl-Josef hat nur eine kleine Rente, mit der er mühsam seinen Lebensunterhalt bestreiten muss. Der Alte krault wie immer zuerst Charly ein paar Minuten hinter den Ohren, was sich der Vierbeiner wie immer liebend gerne von ihm gefallen lässt.

„Na, du Flaschengeist, warst du heute wenigstens erfolgreich?“, frage ich ihn, womit ich ihn keineswegs beleidige, weil Karl-Josef sich selbst gerne so nennt, seit er vor einiger Zeit mit dem Sammeln von Pfandflaschen angefangen hat, um seine schmale Rente ein bisschen aufzubessern.

Ein Strahlen geht spontan über sein Gesicht und er deutet dabei auf den alten Leinenrucksack auf seinem Rücken. „Schon die dritte Flasche, und dabei ist das erst meine zweite Runde für heute", sagt er.

„Glückwunsch. Wenn du so weiter machst, wirst du eines Tages noch im vielen Geld vom Flaschenpfand schwimmen", erwidere ich grinsend. Er weiß im Gegensatz zu mir nämlich nicht, woher dieser Segen kommt. Es sind ein paar Schüler vom Sozialpflegerischen Berufsbildungszentrum, die hier im Park meistens ihre Pausen machen. Sie hatten eines Tages mitbekommen, wie Karl-Josef die Abfallbehälter im Stadtpark auf der Suche nach Pfandflaschen wieder mal vergeblich durchwühlte, worauf sie spontan ein bisschen Kleingeld sammelten und es ihm in die Hand drücken wollten. Doch der alte Mann hatte kopfschüttelnd abgelehnt und gesagt: „Das ist zwar sehr nett von euch, Kinder, aber ich bin kein Bettler und ich nehme schon gar keine Almosen von Schülern an, die selbst noch kein Geld verdienen. Spart lieber das Geld für eure Schulbücher oder für andere Sachen."

Die Kinder, alle offenbar schon volljährig, zuckten ratlos und verlegen mit den Schultern. Man merkte ihnen die Enttäuschung an, weil sie dem Alten sicherlich gerne etwas Gutes getan hätten. Ich hatte damals die Szene zufällig beobachten können und gab ihnen den Tipp, vielleicht ab und zu heimlich ein paar leere Getränkedosen und -flaschen in den Abfallbehältern zu deponieren, wenn Karl-Josef in den Schulpausen in den Park kam, um auf Schatzsuche zu gehen. Und das setzten sie tatsächlich auch seitdem desöfteren in die Tat um.

Der Flaschengeist Karl-Josef kann sich fast jeden Tag darüber freuen, dass er sich ohne betteln zu müssen sein Flaschenpfand aus eigener Kraft redlich verdient. So glaubt er jedenfalls, und in diesem Glauben lasse ihn die Schüler natürlich, ebenso wie Charly und ich.

Stadtpark bis Parallelstraße

Ein paar Kinder spielen auf dem Gelände des **Kindergartens** am unteren Ende des Stadtparks. Sie strahlen über das ganze Gesicht, als sie Charly und mich kommen sehen. Am liebsten würden sie wohl die Fellnase auf vier Pfoten gerne streicheln, doch der Gitterzaun, vor dem wir stehen, lässt das nicht zu. Charly und ich beobachten die spielenden Kleinen ein bisschen. *So heiter und unbeschwert fängt das Leben an,* kommt mir dabei spontan in den Sinn. Nur ein paar Meter weiter, als wir den Stadtpark in Richtung Theodor-Fliedner-Straße verlassen haben und am **Fliedner Hospiz** vorbeigehen, wird dieser Gedanke schlagartig verdrängt, als ich eine sehr gebrechliche alte Frau im Rollstuhl auf der Terrasse hinter dem Hospiz sitzen sehe. Nur ein paar Meter trennen hier Alt und Jung voneinander und dazwischen liegt doch ein ganzes Leben. Das Lächeln in meinem Gesicht, das mir die spielende Kinderschar gerade eben noch beschert hat, ist einem nachdenklichen Gesichtsausdruck gewichen. Er hellt sich auch nicht auf, als wir am **Fliedner Krankenhaus** vorbeikommen und dort ein paar Patienten vor der Eingangstür stehen sehen, die offenbar unter psychischen Belastungen leiden.

Doch Charly kümmert das alles wenig. Er ist erkennbar auf Heimatkurs programmiert und biegt am Ende der Theodor-Fliedner-Straße nach rechts in die Ringstraße ein. Vorbei geht es am neuen Gebäude des **Katharina von Bora Wohnparks**. Ein wohlklingender Name für ein von außen sehr ansprechendes Seniorenheim. Doch wie schon beim Hospiz eben wird erneut Endzeitstimmung bei mir ausgelöst. *Wie lange bleiben dir und Charly eigentlich noch?,* frage ich mich. *Charly mit seinen achteinhalb Jahren hat immerhin schon mehr ein halbes Hundeleben hinter sich, doch bei mir kommen noch einige Jahrzehnte oben drauf. Befindest du dich etwa schon auf der Zielgerade?* Es fällt mir schwer, derart trübe Gedanken, die sich unkontrolliert in meinem Kopf ausgebreitet haben, zu verdrängen. „Jetzt hör aber endlich auf, weiter Trübsal zu blasen" weise ich mich selbst lautstark zurecht, worauf Charly sofort stoppt und mich mit schief gestelltem Kopf entgeistert von der Seite anblickt. Ich streichele ihm zur Beruhigung über den Kopf.

    Ein paar herumalbernde Schüler vor dem **Sozialpflegerischen Berufsbildungszentrum** an der Ecke Ringstraße – Parkstraße helfen mir dabei, den Blick wieder auf pulsierendes Leben nach vorne zu richten, während Charly geradewegs den heimischen Futternapf ansteuert.

Rundweg vom Wagwiesental über den Zoo

Charly ist mal wieder kaum zu bremsen. Immer wenn er den Kreisel am unteren Ende des Wagwiesentals ansteuert, führt erfahrungsgemäß kein Weg am **Neunkircher Zoo** vorbei. Zweifellos eine seiner Lieblingsstrecken, die wir mindestens zweimal pro Woche absolvieren. Dabei weiß die Fellnase ganz genau, wie sehr mich das zuweilen nervt. Deshalb bleibt er auch jedes Mal zuerst stehen und dreht sich mit fragenden Blicken nach mir um. Sein herzerweichender `Können wir nicht doch noch mal, Papa-Blick` trägt auch diesmal Früchte. Was soll´s, denke ich mir auch diesmal wieder und gebe ihm durch ein stummes Nicken zu verstehen, dass ich mich geschlagen gebe. Und schon geht es im Höllentempo durch Bliesstraße und Zoostraße hinauf bis zum Zoogelände. In Höhe des Wolfswegs biegt er wie so oft nach rechts auf einen schmalen Trampelpfad ab, der parallel zur Straße ein Stück weit durch den Wald verläuft. Und schon geht seine Suche nach einem passenden Stöckchen los, das er an der einen Stelle aufnimmt, um es ein paar Meter weiter aus mir völlig unerklärlichen Gründen zu vergraben. Das macht er mit einer derartigen Leidenschaft und Akribie, um mich danach in Erwartung der immer gleichen Reaktion anzublicken, sodass ich auch diesmal nicht umhin komme, ihn ausdrücklich dafür zu loben. Ob das vielleicht der Grund ist? Wie auch immer, ein Stück weiter oben führt der Trampelpfad wieder auf die Zoostraße zurück.

Vorm Zaun am Zoogelände bleibt er dann gerne stehen und blickt hinunter auf das Treiben. Insbesondere der Fasan, der sich frei im Zoogelände bewegen darf, findet oft seine ungeteilte Aufmerksamkeit, während meine ungeteilte Aufmerksamkeit auf das Schnappen nach Luft nach diesem Eilmarsch gerichtet ist. Doch kaum hat sich meine Atemfrequenz wieder auf Normal eingependelt, zieht mein vierbeiniger Vordermann gnadenlos weiter bergauf in Richtung Waldstraße und Steinwaldstraße.

Noch immer ragt der hohe Turm der ehemaligen katholische **Kirche St. Pius** über 40 Meter in den Himmel, obwohl das Gotteshaus am 1. November 2015 entweiht wurde. Nur rund 55 Jahre durfte es seinen Zweck erfüllen. Mit der nur ein paar hundert Meter entfernten ehemaligen **Friedenskirche** am Beerwald mussten in diesem Jahr gleich zwei Kirchen in der Neunkircher Innenstadt im wahrsten Sinne des Wortes den Geist aufgeben. Auch wenn ich den beiden nüchternen Kirchenbauten der Nachkriegszeit architektonisch nicht viel abgewinnen kann, so waren sie doch für viele Gläubige in der Umgebung wichtig, nicht nur für Gottesdienste, Andachten und Gebete, sondern beispielsweise auch für Familienfeste wie Hochzeiten und Kindtaufen.

Bis 1978 konnte man übrigens noch mit der Straßenbahn vom Neunkircher Bahnhof aus bis zur Piuskirche fahren. An der Haltestelle Steinwald in unmittelbarer Nähe der Kirche war früher die Endstation.

ehemalige Endstation der Neunkircher Straßenbahn am Steinwald

Wie so oft schweifen meine Gedanken bei Charlys Stadtführungen in die Vergangenheit ab, ganz im Gegensatz zu Charly, der mich mit einem Ruck an der Leine mal wieder schlagartig in die Gegenwart zurückholt. Zum Glück biegt er am Verkehrskreisel nach rechts in die Fernstraße ab. Und wieder drifte ich in Gedanken ein paar Jahrzehnte zurück, als wir am ehemaligen Standort des alten Wasserturms vorbeigehen. Über 70 Jahre stand er hier, der Scheiber Wasserturm am Scheitelpunkt der Fernstraße. Bis 1968 ein Wahrzeichen der Stadt, das 1897 von der Schlossbrauerei errichtet wurde, um als Wasserspeicher die Versorgung mit Brauwasser aus dem Kasbruch sicherzustellen. Dann wurde der etwa 15 Meter hohe Turm dem Erdboden gleich gemacht, wie so viele historische Bauwerke in unserer Stadt, was einem Alteingesessenen wie mir einmal mehr nostalgische Wehmütigkeit beschert. In Höhe der Bushaltestellen für die **Gymnasien am Steinwald und am Krebsberg** führt mich mein Vierbeiner wieder zurück ins Wagwiesental. Von hier oben aus hatten Charly und ich vor Jahren ein im wahrsten Sinne des Wortes berauschendes Erlebnis. Nach meiner Erinnerung müsste es im Januar 2017 gewesen sein, als man im Wagwiesental endlich mal wieder Schlitten fahren konnte, was in meiner Kindheit in den Fünfzigern und Sechzigern übrigens noch eine Selbstverständlichkeit war.

Es hatte über Nacht heftig geschneit, aber Charly musste natürlich zum Gassigehen trotzdem raus. Das Problem ist nur, dass er sehr empfindlich auf Streusalz an seinen Pfoten reagiert und man ihn auf den Gehwegen alle paar Meter die Pfoten säubern muss. Um dem zu entgehen, hatte ich ihn daher kurzerhand auf unseren uralten Holzschlitten gepackt, mit dem wir vor ein paar Jahrzehnten mit unseren mittlerweile längst erwachsenen Kindern den Krebsberg x-mal heruntergerast waren, um den Vierbeiner so hinter mir her über die mit Salz bestreuten Wege bis ins Wagwiesental zu ziehen. Obwohl die vielen Jahre im feuchten Keller dem Oldtimerschlitten arg zugesetzt hatten und das Holz an einigen Stellen schon etwas morsch war, dachte ich mir, dass es dafür vermutlich noch reichen würde, was auch erfreulicherweise der Fall war.

Als wir unten im Wagwiesental angelangt waren, sprang Charly sofort vom Schlitten in den tiefen Schnee. Mit der rechten Hand führte ich ihn an der Leine und mit der Linken zog ich den Schlitten hinter mir her den Weg hinauf, der unterhalb der Fernstraße durch den verschneiten Grünzug führt. Was mich dabei aber tierisch nervte war, dass ich mir das Ding mal selbst in die Haxen lenkte oder mal über die Hundeleine meines vierbeinigen Vordermanns stolperte.

So geht das aber nicht weiter, dachte ich mir und zu Charly gewandt erklärte ich ihm: „Wir werden das Ding einfach unten neben der TUS-Halle deponieren und später wieder mit nach Hause nehmen, wenn du deine Geschäfte alle erledigt hast." Doch dann lachte mir im strahlenden Sonnenschein die verführerisch lockende Abfahrtpiste entgegen. Warum eigentlich wieder hinunterlaufen?, lockte mich das kleine schwarze Teufelchen in mir, während sein sanftmütiger Gegenpart in weiß zu bedenken gab: „Wie kannst du es wagen, an so etwas zu denken. Die relativ steile und bucklige Abfahrt mit Hund ist nichts für einen Mann in deinem Alter." Derart in meiner Ehre als Mann in den besten Jahren gepackt schaute ich mich erst mal vorsichtig nach allen Seiten um. Kein Mensch war weit und breit zu sehen. Kurz entschlossen packte ich Charly, setzte mich mit ihm auf den Schlitten, stieß mich mit beiden Füßen ab und umklammerte den Vierbeiner auf meinem Schoß. Nur langsam nahm der Schlitten Fahrt auf, doch dann wurde er immer schneller. Charly mit flatternden Ohren und ich mit klappernden Zähnen genossen die rauschende Schussfahrt ins Tal. Doch dann kam sie, die heftige Bodenwelle kurz vor der Talsohle, und unsere Schlittenfahrt ging in eine Art Ski-Flug über mit der Folge, dass der morsche Schlitten beim Aufprall krachend zersplitterte und wir beide im Schnee die letzten Meter auf dem Rücken hinunterschlitterten. Unten angekommen sammelte ich zuerst meine Knochen und dann die Holzteile vom Schlitten ein. Zum Glück war nichts Ernsthaftes passiert. Mit gesenkten Köpfen trotteten wir beide im Unglück damals vereint nach Hause. Und nach Hause geht es auch jetzt für Stadtführer Charly und seinen Hintermann.

Wege, Plätze und Objekte

1. Bliesblock
2. GSG, KEW
3. Herz-Jesu-Kirche
4. Bachschule,Finanzamt
5. Bliespromenade, Bliesterrassen, Corona-Hochhaus
6. Lübbener Platz,Stummplatz, Denkmal Freiherr Carl Ferdinand von Stumm (Stummdenkmal), Saarpark Center
7. Altes Hüttenareal (AHA), Stummsche Reithalle
8. Spitzbunker, Stummsche Kapelle
9. Eisenwerk, Akademie der Saarwirtschaft (ASW)
10. Bahnhofsbrücke, Bahnhof, Wolsztyner Platz
11. Seniorenresidenz Evergreen
12. Gesundheitsamt, Denkmal Sense Eduard, Lutherschule, Christuskirche, Karl-Ferdinand-Haus, Denkmal Eisengießer
13. Eden-Kino, Marienkirche
14. Oberer Markt, Burgtheater, Rathaus, Pauluskirche
15. Schlossbrauerei
16. Mantes-La-Ville-Platz, Ellenfeldstdion
17. Scheib
18. Seniorenheim St. Vincenz
19. Spieser Höhe, Jüdischer Friedhof
20. Altseiterstal
21. Schule Haspelstraße, Sortplatz & Sporthallen TUS 1860 Neunkirchen
22. Wagwiesental
23. Stadtpark, Feuerwehr, Polizeiinspektion
24. Kindergarten, Fliedner-Hospiz, Fliedner-Krankenhaus, Katharina von Bora-Wohnpark, Sozialpflegerisches Berufsbildungszentrum
25. Neunkircher Zoo
26. Kirche St. Pius
27. Friedenskirche
28. Gymnasien am Steinwald und am Krebsberg

Skizze Innenstadt Neunkirchen

unsere Laufwege sind in rot eingezeichnet

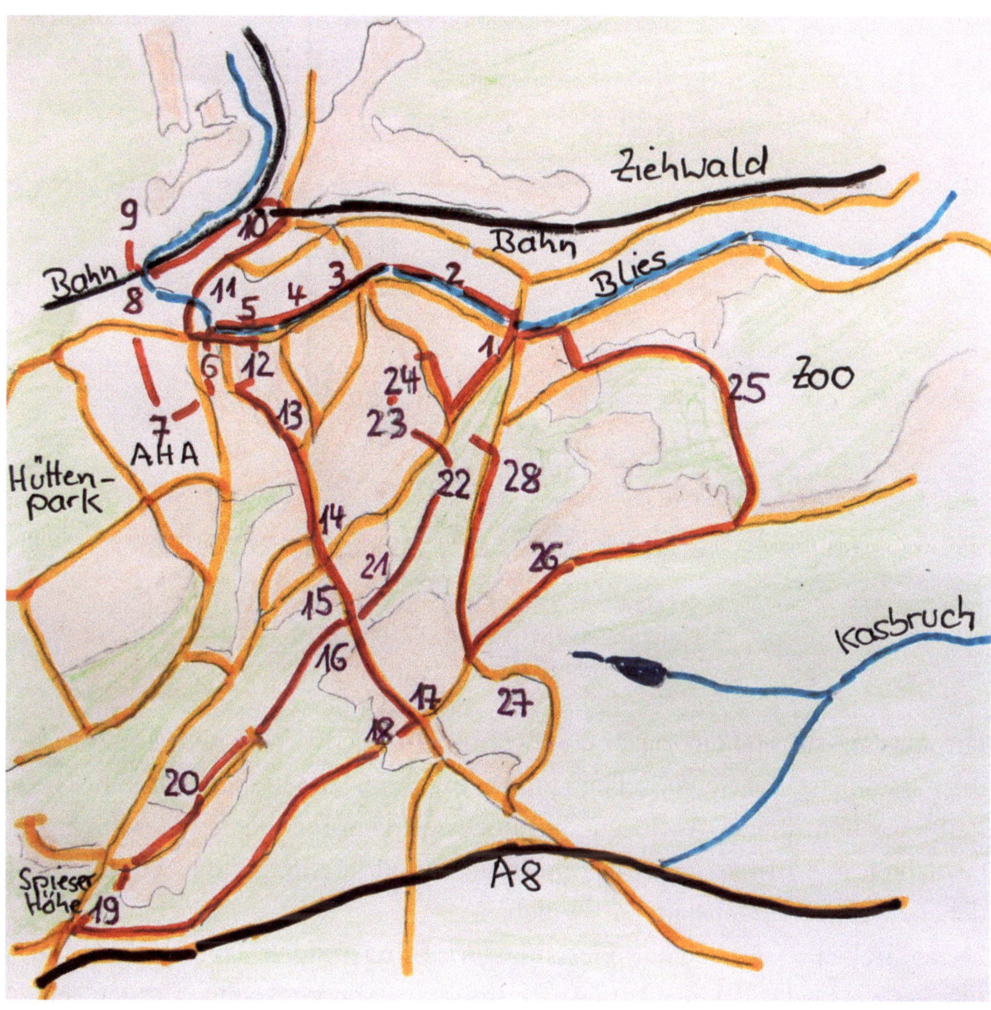

Weitere Veröffentlichungen mit Bezug zur Stadt Neunkirchen

Verlag Books on Demand GmbH
Taschenbuch ISBN: 978-3750409217
auch als E-Book erhältlich

Die Autoren zeichnen in dieser hochwertigen Hardcover-Ausgabe ein Portrait ihrer Heimatstadt Neunkirchen mit allen zehn Stadtteilen. Mit fast100 Farbfotos in brillanter Auflösung auf hochwertigem Fotopapier, Geschichten, Gedichten und Erinnerungen ist ein in dieser Form einzigartiges Gesamtbild der ehemaligen Hüttenstadt entstanden.

"Neunkirchen - Ansichten, Geschichten, Erinnerungen" bietet nicht nur Interessantes als Bildband und Reiseführer, sondern enthält auch eine Auswahl von heiteren und besinnlichen Geschichten und Gedichten mit Bezug zur Stadt.

Verlag Books on Demand GmbH
Taschenbuch: ISBN978- 3756222476
auch als E-Book erhältlich

100 Jahre Stadtgeschichte Neunkirchen, eingebettet in 100 Jahre Weltgeschichte, beinhaltet dieses Buch. Übersichtlich nach Jahrzehnten gegliedert vermittelt es, mit kurzen Hinweisen auf besondere und bewegende Ereignisse diesseits und jenseits der Stadtgrenzen, nicht nur einen zeitgeschichtlichen Überblick, sondern lässt auch Platz für nostalgische Erinnerungen in Bildern und Texten.

Verlag Books on Demand GmbH
Taschenbuch: ISBN978-3848217854
auch als E-Book erhältlich

Eine globale Wirtschaftskrise irgendwann in der Zukunft, von der auch die Stadt Neunkirchen betroffen ist. Bei einem nächtlichen Spaziergang, in Gedanken nach einer rettenden Lösung für seine Stadt versunken, fällt der Oberbürgermeister vor dem Stummdenkmal auf die Knie und fleht den Freiherrn Karl-Ferdinand von Stumm in seiner Verzweiflung um Hilfe an. Damit erweckt er den ehemaligen Stahlbaron auf wundersame Weise zu neuem Leben.

Verlag Books on Demand GmbH
Taschenbuch: ISBN978- 3754371916
auch als E-Book erhältlich

Viele Jahrzehnte lagen sie völlig vergessen in einem Schrank, Briefe und Fotos aus den Weltkriegen und der Nachkriegszeit, bewegend und erschütternd zugleich. Nur per Zufall hat sie der Autor bei einer Aufräumaktion entdeckt. Briefe seines Großvaters und seiner Eltern, in denen die ganze Abscheulichkeit und Grausamkeit dieser historischen Ereignisse am Beispiel persönlicher Schicksale zum Ausdruck kommen. Dokumente, die unter die Haut gehen und daher als Mahnmale vor jeder Art von kriegerischer Auseinandersetzung auch der Öffentlichkeit zugänglich gemacht werden sollen.

Verlag Books on Demand GmbH
Taschenbuch: ISBN978- 3752858501
auch als E-Book erhältlich

Die Küsterin von St. Marien, die gerade mit der Vorbereitung eines Festgottesdienstes beschäftigt ist, sieht sich in der Marienkirche plötzlich einer geheimnisvollen Erscheinung gegenüber. Dies löst ein außergewöhnliches Erlebnis für sie aus.

Eine heitere und besinnliche Geschichte mit Mundartdialogen.

******

Einen Überblick über alle bisher von mir veröffentlichten Werke finden Sie übrigens auf meiner Autorenseite bei Amazon. Werfen Sie dort doch einfach mal einen Blick in meine Schmökerkiste. Unter anderem finden Sie dort auch ein paar kostenloses E-Books zum Herunterladen.

https://www.amazon.de/Raimund-Eich/e/B004EBE93A?ref=sr_ntt_srch_lnk_2&qid=1590259737&sr=8-2